O CURIOSO

COMOÇÃO DE VACA

Português

Marcy Schaaf

THE CURIOUS
COW COMMOTION

Potuguese   Marcy Schaaf

Dedication:

To Jessy and Jurnee,
the real-life stars of our story,

Your curiosity and sense of adventure have brought joy to our hearts and inspired the tale of "The Curious Cow Commotion." May your days be filled with laughter, love, and many more unforgettable adventures. Thank you for sharing your wonderful moment with us.

Dedicação:

Para Jessy e Jurnee,
as estrelas da vida real da nossa história,

Sua curiosidade e senso de aventura trouxeram
alegria aos nossos corações e inspiraram a história de
"A Curiosa Comoção da Vaca". Que seus dias sejam
repletos de risos, amor e muitas outras aventuras
inesquecíveis. Obrigado por compartilhar seu
momento maravilhoso conosco.

Once upon a time,
in a cozy little town,
there lived a neighbor named
Mrs. Jenkins.
She had a secret that would
soon be found.

Era uma vez, em uma
cidadezinha aconchegante,
uma vizinha chamada Sra.
Jenkins.
Ela tinha um segredo que
logo seria descoberto.

Mrs. Jenkins, you see,
was quite a curious soul.
She loved to explore and
had quite the adventurous
goal.

A Sra. Jenkins, como você vê, era uma alma bastante curiosa. Ela adorava explorar e tinha um objetivo bastante aventureiro.

One sunny morning, she
spotted a sight so rare.
Cows in her neighbor's
yard, grazing without a
care!

Numa manhã ensolarada, ela avistou uma visão tão rara. Vacas no quintal do vizinho, pastando sem se importar!

To warn her neighbors of this
curious delight,
Mrs. Jenkins picked up rocks,
with all her might.

Para alertar os vizinhos sobre esse curioso prazer, a Sra. Jenkins pegou pedras, com toda a força.

She aimed for their window,
hoping they would see,
but with a loud crash,
she hit the sprinkler key.

Ela apontou para a janela, esperando que eles vissem, mas com um estrondo, ela apertou o botão do sprinkler.

The water sprayed high,
a fountain of spray,
and in the midst of the chaos,
the cows began to sway.

A água espirrava alto, uma fonte de borrifos, e no meio do caos, as vacas começaram a balançar.

Splish, splash, they danced,
twirling around.
The cows turned the lawn into a wet,
muddy playground.

Splish, splash, eles dançaram, girando.
As vacas transformaram o gramado em um playground molhado e lamacento.

Mrs. Jenkins panicked,
she needed help fast!
She waved her arms wildly,
hoping her neighbors would be
aghast.

Sra. Jenkins entrou em pânico, ela precisava de ajuda rápido! Ela agitou os braços descontroladamente, esperando que seus vizinhos ficassem horrorizados.

Finally, they saw her and rushed to the scene. Their faces turned from shock to curious and keen.

Finalmente, eles a viram e correram para o local. Seus rostos passaram de chocados a curiosos e entusiasmados.

"Oh my goodness!" they said,
"Look at this display!"
The cows and the sprinkler turned
this into a special day.

"Ó meu Deus!" eles disseram: "Olhe para esta exibição!" As vacas e o aspersor transformaram este dia num dia especial.

They all laughed and played in the water's cool embrace.
Mrs. Jenkins had indeed gotten their attention in this wild chase.

Todos riram e brincaram no abraço fresco da água.
A Sra. Jenkins realmente havia chamado a atenção deles nessa perseguição selvagem.

Together, they herded the cows
back to their farm,
thanking Mrs. Jenkins for keeping
them from harm.

Juntos, eles conduziram as vacas de volta à fazenda, agradecendo à Sra. Jenkins por protegê-las.

The cows waved their tails, saying goodbye with glee. Mrs. Jenkins was the hero of the day, as far as the eye could see.

As vacas balançaram o rabo, despedindo-se com alegria. A Sra. Jenkins era a heroína do dia, até onde a vista alcançava.

From that day forward,
Mrs. Jenkins was known,
as the lady who saved the
day, now with a cow of
her own.

Daquele dia em diante, a
Sra. Jenkins ficou
conhecida como a
senhora que salvou o dia,
agora com sua própria
vaca.

So remember, dear children,
when you see a cow in sight,
be curious like Mrs. Jenkins,
and everything will turn out
just right!

Então lembrem-se, queridos filhos, quando virem uma vaca à vista, sejam curiosos como a Sra. Jenkins, e tudo dará certo!

The End!

The actual cow !!!

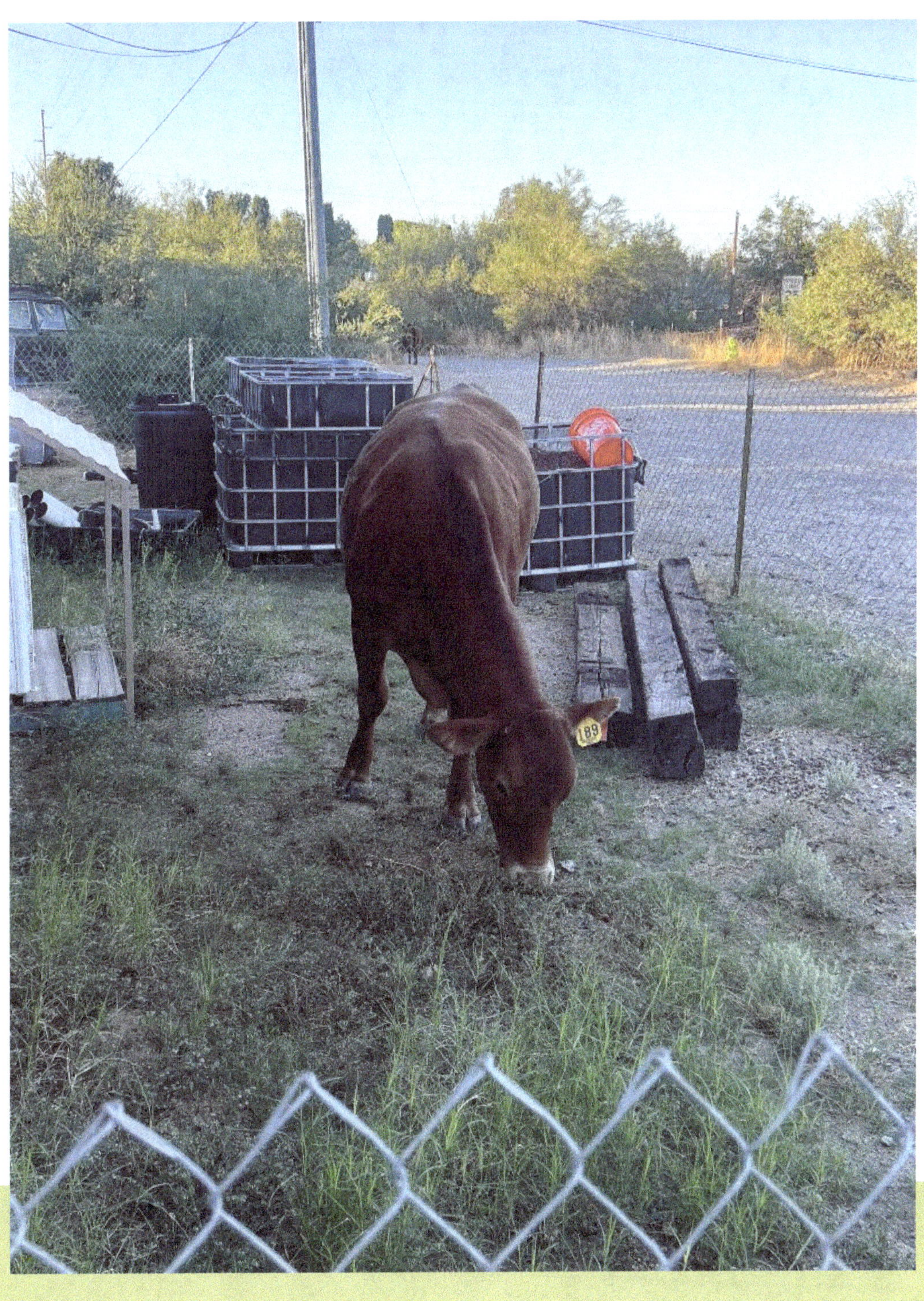

O fim!

A vaca de verdade!!!

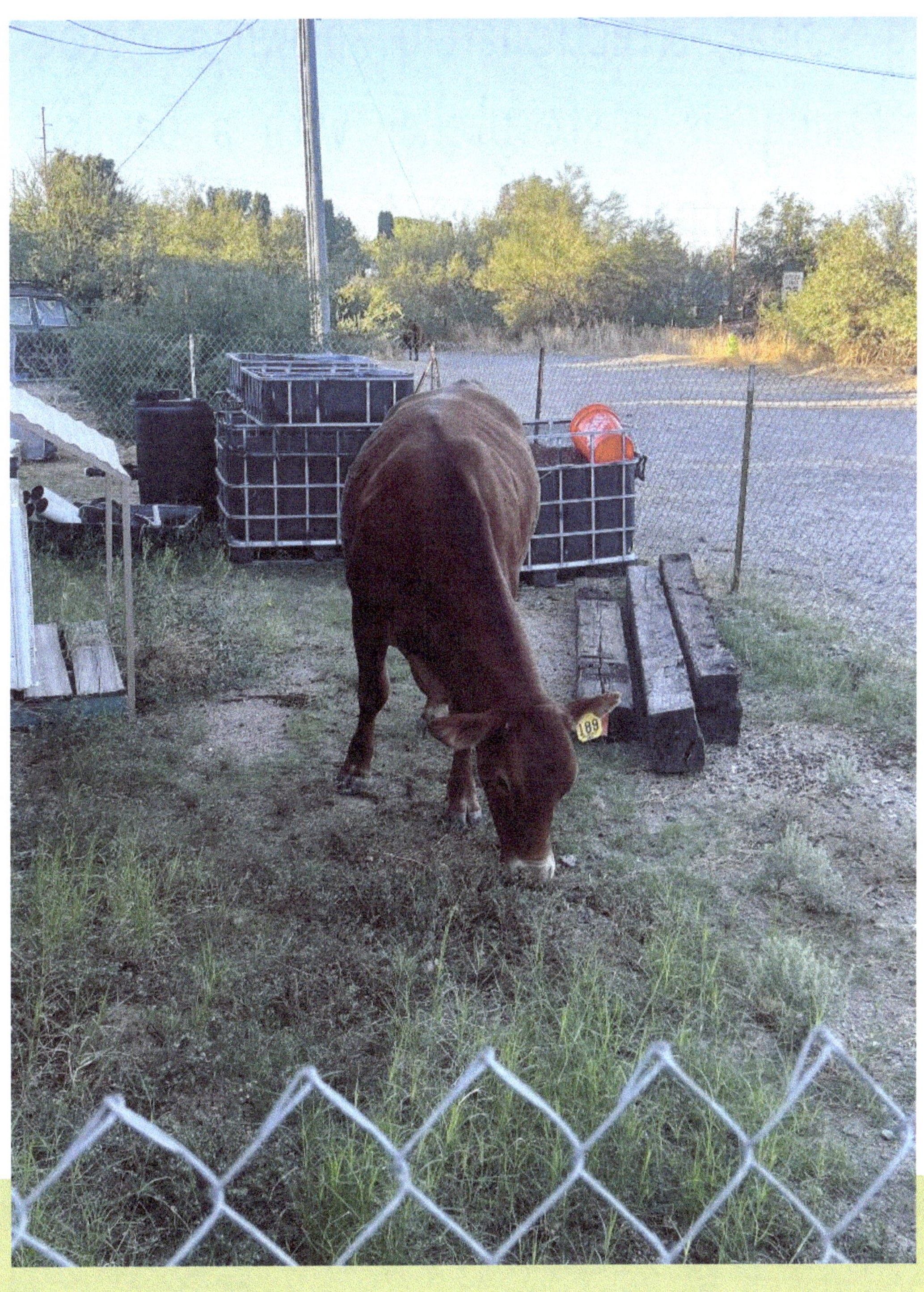

Author Bio:

Marcy Schaaf, affectionately known as "Moo" by her family, is a storyteller with a passion for weaving imaginative tales that enchant young hearts. Marcy finds joy in crafting stories that spark young minds' curiosity and ignite their sense of wonder. When she's not writing charming stories or being called "Moo" by her family, Marcy enjoys exploring and often spends her time traveling the world looking for her next tale. Her hope is that her stories will bring smiles, laughter, and a touch of magic to children all around the world.

Biografia do autor:

Marcy Schaaf, carinhosamente conhecida como "Moo" por sua família, é uma contadora de histórias apaixonada por tecer contos imaginativos que encantam os corações dos jovens. Marcy encontra alegria em criar histórias que despertam a curiosidade das mentes jovens e despertam seu sentimento de admiração. Quando não está escrevendo histórias encantadoras ou sendo chamada de "Moo" pela família, Marcy gosta de explorar e muitas vezes passa o tempo viajando pelo mundo em busca de sua próxima história. Sua esperança é que suas histórias tragam sorrisos, risadas e um toque de magia para crianças de todo o mundo.